www.kreative-manufaktur.de
Jetzt auch online
Selbermachen. Genießen. Verschenken.

Selbermachen. Genießen. Verschenken.

Leckere Getränke aus der kreativen Manufaktur
sind schöne Geschenke und Mitbringsel:
mit Sorgfalt hergestellt, mit Liebe verpackt.

Anne Iburg • Gesine Harth

WOHLIG-WÄRMENDE WINTERGETRÄNKE
Punsch, Schokodrink und mehr hübsch verpackt

Inhalt

- 08 Hot Chocolate
- 10 Gläser mit Löffeln
- 12 Schokolade am Stiel
- 14 Himmlische Papiertüten
- 16 Karamellmilch
- 18 Moderne Anhänger
- 22 Schokokaffee
- 24 Gläser mit Eiskristall
- 26 Bratapfelpunsch
- 28 Schmucke Flaschen
- 30 Schwedischer Weihnachtspunsch
- 32 Festliche Flaschen
- 34 Exotischer Chai-Tee
- 36 Weihnachtliche Tüten
- **38 Kleine Warenkunde „Gewürze"**
- 40 Sanftes Erwachen
- 42 Kleine Tüten
- 44 Erkältungstee
- 46 Runde Dose
- 50 Wake me up-Tee
- 52 Neon-Tüten
- 54 Entspannungstee
- 56 Edle Dosen
- 58 Vorlagen
- 60 Die kreative Manufaktur
- 64 Autorinnen und Impressum

Trinkgenuss für die Seele

Womit möchten Sie sich heute eine gemütliche Auszeit auf dem Sofa versüßen, während es draußen klirrend kalt ist? Mit duftendem Gewürztee, heißer Schokolade mit Pfiff, leckerem Weihnachtspunsch – oder ist Ihnen mehr nach einer anregenden Mateteemischung zumute? Wir stellen Ihnen eine große Bandbreite an Rezepten vor, die sich schnell und unkompliziert umsetzen lassen.

Damit auch Ihre Familie und Ihr Freundeskreis die selbst gemachten Getränke für die kalte Jahreszeit genießen können, finden Sie verschiedene Verpackungsideen im Buch. Mit originell verzierten Gläsern und Flaschen oder raffiniert dekorierten Papiertüten kommen Ihre Geschenke aus der Küche gleich doppelt so gut an!

Viel Freude beim Zubereiten, kreativen Verpacken, Verschenken und nicht zuletzt beim Genießen der wärmenden Wintergetränke!

Hot Chocolate
Glück zum Trinken

Raspeln Sie die Blockschokolade auf einer groben Gemüsereibe und mengen Sie das Kakaopulver unter. Die Mini-Marshmallows dekorativ als oberste Schicht in das Glas legen. Den Deckel aufsetzen und mit Metallklammern verschließen.

Zubereitung: 1 EL der Schokoladenmischung mit 1 Tasse Milch in einen Topf geben, unter Rühren aufkochen lassen und heiß servieren. Die Marshmallows auf die heiße Schokolade streuen.

Tipps: Wenn Sie die Schokolade an einen Haushalt ohne Kinder verschenken, können Sie zusätzlich 1 TL Chiliflocken unter die Schokoladenmischung geben.

Anstatt der Mini-Marshmallows können Sie auch größere Marshmallows verwenden, die kleingeschnitten werden.

Die Hot Chocolate hält sich ca. 1 Jahr.

Die Verpackungsidee für die Hot Chocolate finden Sie auf Seite 10/11.

Zutaten

200 g Blockschokolade
20 g Kakao
100 g Mini-Marshmallows

Gläser mit Löffeln für die Hot Chocolate

Material
Sturzgläser mit Deckel
Fotokarton in Lila
Zirkel
Spitzenpapier
Klebstoff
Lackmalstift in Weiß
doppelseitige Klebefolie
Baumwollkordel in Lila-Weiß
Einweglöffel aus Holz
Masking Tape in Lila

Für das Etikett schneiden oder stanzen Sie aus Fotokarton einen Kreis, der genau in die Vertiefung des Deckels passt. Kleben Sie einen Rest Papierspitze über einen kleinen Teil des Etiketts und beschriften Sie es mit Ihrem Wunschtext. Mit doppelseitiger Klebefolie wird das Etikett auf dem Glasdeckel fixiert.

Wickeln Sie eine Baumwollkordel mehrfach um das Glas und binden Sie sie auf der Rückseite zusammen. Wenn Sie die Kordel unter die Metallklammern schieben, kann sie nicht verrutschen. Bekleben Sie den Holzlöffel an einigen Stellen mit dekorativem Masking Tape. Anschließend schieben Sie ihn zwischen Kordel und Glas.

Tipp: Zu dieser Verpackung passt auch ein kleiner Anhänger mit aufgesticktem Herz. Die Anleitung dazu finden Sie auf Seite 46/47.

Schokolade am Stiel löst sich langsam auf

Die weiße Schokolade sowie die Vollmilchkuvertüre jeweils im Wasserbad zum Schmelzen bringen.

In die Vollmilchkuvertüre rühren Sie das Vanillemark und den Kardamom und füllen die Masse in Pralinenförmchen.

Rühren Sie das Kokosnussfett unter die weiße Schokolade. Die Chiliflocken untermischen und die Schokoladenmasse ebenfalls in Pralinenförmchen gießen.

Lassen Sie die Schokoladenmasse abkühlen und stecken Sie in die lauwarme und fast schon feste Schokolade die Holzstäbchen. Die ausgehärtete Schokolade eventuell mithilfe eines kleinen Messers aus den Formen nehmen.

Zubereitung: Die Schokolade am Stiel in einen Becher mit kochend heißer Milch geben und unter Rühren schmelzen lassen.

Die Schokolade am Stiel hält sich ca. ein halbes Jahr.

Die Verpackungsidee für die Schokolade am Stiel finden Sie auf Seite 14/15.

Zutaten

20 Pralinenförmchen aus Papier
20 Holzstäbchen

Braune Schokolade
400 g Vollmilchkuvertüre
1 TL Vanillemark
1 TL gemahlener Kardamom

Weiße Schokolade
400 g weiße Schokolade
30 g Kokosnussfett
2 TL Chiliflocken

Himmlische Papiertüten für die Schoko am Stiel

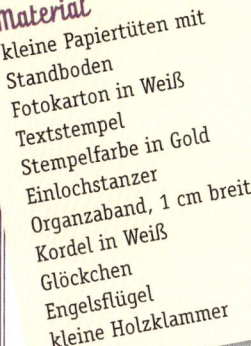

Material
kleine Papiertüten mit Standboden
Fotokarton in Weiß
Textstempel
Stempelfarbe in Gold
Einlochstanzer
Organzaband, 1 cm breit
Kordel in Weiß
Glöckchen
Engelsflügel
kleine Holzklammer

Bestempeln Sie den Fotokarton mit dem Textstempel und goldener Stempelfarbe. Ist die Farbe getrocknet, schneiden oder stanzen Sie die Stempelmotive knappkantig aus.

Versehen Sie die Etiketten mit kleinen Löchern, durch die Sie das Organzaband oder die Kordel ziehen. Fädeln Sie am Ende des Organzabandes ein Glöckchen auf und schneiden Sie die Bandenden schräg ab.

Stellen Sie die Schokolade am Stiel in die Papiertüte. Falten Sie die Öffnung nach hinten, legen Sie das Band oder die Kordel darüber und befestigen Sie eine Holzklammer. Die Variante ohne Glöckchen können Sie zusätzlich mit einem goldenen Engelsflügel schmücken.

Karamellmilch statt Kakao

Den Zucker in eine beschichtete Pfanne geben, langsam schmelzen und karamellisieren lassen. Parallel die Kondensmilch erwärmen. Geben Sie die heiße Kondensmilch unter Rühren in die heiße Karamellmasse und rühren Sie so lange weiter, bis sich der Karamell komplett in der Kondensmilch gelöst hat.

Die heiße Karamellmilch in Flaschen füllen. Die geschlossenen Flaschen auf den Kopf stellen und erkalten lassen. Bei Anbruch der Flasche die Karamellmilch im Kühlschrank lagern.

Zubereitung: 1–2 EL Karamellmilch in den heißen Kaffee geben oder 4–6 EL in heiße oder kalte Milch einrühren.

Die Karamellmilch ist ca. ein halbes Jahr haltbar.

Die Verpackungsidee für die Karamellmilch finden Sie auf Seite 18/19.

Zutaten

300 g Zucker
1020 g Kondensmilch, 10 % Fett (942 ml)

Moderne Anhänger für die Karamellmilch

Material
Flaschen, 250 ml
Scrapbook-Papiere in Gelb gemustert
Tonpapier in Creme
Filzstift in Grau und Gelb
Einlochzange
2 kleine Ösen und Ösenzange

Vorlage Seite 58

Übertragen Sie die Vorlage auf Scrapbook-Papier und schneiden Sie den Anhänger aus.

Für das Etikett schneiden Sie aus dem Tonpapier einen ca. 7,5 cm x 1,3 cm großen Streifen zu. Die Größe kann je nach Textlänge und Schriftgröße variieren. Zeichnen Sie eine gestrichelte Schriftlinie auf und schreiben Sie Ihren Wunschtext darauf. Stanzen Sie kleine Löcher in die Seiten. Legen Sie den Tonpapierstreifen mittig auf das Etikettenfeld des Anhängers, übertragen Sie die Löcher auch auf das gemusterte Papier, lochen Sie es ebenfalls und fixieren Sie die beiden Papierlagen mit zwei kleinen Ösen.

Legen Sie den Anhänger um den Flaschenhals und ziehen Sie das eckige Ende durch die runde Aussparung.

Tipp: Sollte der Hals der verwendeten Flasche breiter sein, muss der Abstand zwischen der Einkerbung des Anhängers und der Aussparung entsprechend verlängert werden.

Köstliche Wintergetränke wärmen in der kalten und dunklen Jahreszeit nicht nur den Körper, sondern auch die Seele. Sie verströmen einen herrlichen Duft und machen gemütliche Stunden zu einem ganz besonderen Genuss. Gönnen Sie sich einfach mal eine kleine Auszeit vom Alltag.

Schokokaffee für Genießer

Den Rosa Pfeffer und die Schokoladenraspel unter den gemahlenen Bohnenkaffee mischen und luftdicht verpacken.

Zubereitung: Bereiten Sie die Kaffeemischung nach Wunsch zu. Sie können das Pulver in einen Kaffeefilter geben und mit heißem Wasser überbrühen. Oder Sie geben es in eine Kaffeekanne mit einem Filtereinsatz zum Herunterdrücken und gehen nach den Herstellerangaben vor.

Tipp: Auch mit weißen Schokoladenraspeln lässt sich der Kaffee schmackhaft zubereiten.

Der Schokokaffee hält sich ca. 1 Jahr.

Die Verpackungsidee für den Schokokaffee finden Sie auf Seite 24/25.

Zutaten

500 g gemahlenen Bohnenkaffee
100 g Vollmilchschokoladenraspel
20 g Rosa Pfeffer

Gläser mit Eiskristall für den Schokokaffee

Material
Bügelgläser, 400 ml
Filz in Naturweiß
Fotokarton
Anlegemilch
Blattmetall in Gold
Pinsel
Geschenkpapier in Weiß-Gold gemustert
Buchstabenstempel
Stempelfarbe in Grau
Kraftpapier
Tonpapier in Rosa
Holzknopf
Kettgarn
Nähnadel
doppelseitiges Klebeband

Vorlage Seite 58

Übertragen Sie die Vorlage des Eiskristalls auf Textilfilz und schneiden Sie das Motiv aus.

Aus dem Fotokarton einen Kreis in der Größe des Glasdeckels zuschneiden. Bestreichen Sie den Karton mit Anlegemilch. Nach 15 bis 20 Minuten Abbindezeit können Sie das Blattmetall auf die Klebefläche legen und mit den Fingerkuppen vorsichtig auf den Untergrund tupfen. Falten und kleine Überwürfe können mit einem trockenen Pinsel geglättet werden.

Für das Etikett bestempeln Sie das Geschenkpapier mit Ihrem Wunschtext und schneiden anschließend ein längliches Fähnchen aus dem Papier. Schneiden oder stanzen Sie unterschiedlich große Kreise aus Kraftpapier, Tonpapier und dem vergoldeten Karton.

Legen Sie das bestempelte Fähnchen, den Knopf, die Kreise und den Eiskristall wie abgebildet auf den goldenen Karton und fixieren Sie alle Lagen mithilfe einer Nähnadel und Kettgarn. Am besten gelingt es, wenn Sie zuvor die Position der Knopflöcher mit einer dickeren Nadel in die Papiere vorstechen. Das Etikett mit doppelseitigem Klebeband auf den Glasdeckel kleben.

Bratapfelpunsch wie bei Großmutter

Den Weißwein mit den Gewürzen erhitzen und etwa 15 Minuten lang auf kleinster Flamme ziehen lassen.

Die Äpfel waschen, halbieren und entkernen. Fetten Sie eine feuerfeste Form mit Butter aus. Streuen Sie auf die Schnittflächen der Apfelhälften Zucker und setzen Sie sie mit der Schnittfläche nach unten in die Form. Den Backofen auf 200 °C vorheizen und die Äpfel 10 bis 15 Minuten backen.

Inzwischen den Amaretto unter den Wein rühren. Die Äpfel aus dem Backofen nehmen und je nach Größe vierteln oder achteln. Geben Sie sie in Flaschen und gießen Sie den Punsch dazu. Die Flaschen mit Schraubdeckeln schließen. Wenn möglich, die Flaschen auf den Kopf stellen und erkalten lassen.

Zubereitung: Den Bratapfelpunsch langsam erwärmen – aber nicht kochen lassen – und in Punschgläser füllen. Mit Cocktailsticks lassen sich die Äpfel gut aufspießen und genießen.

Tipp: Für Kinder können Sie diesen Punsch anstatt mit Wein und Amaretto mit weißem Traubensaft oder Apfelsaft zubereiten.

Der Bratapfelpunsch ist ca. ein halbes Jahr haltbar.

Die Verpackungsidee für den Punsch finden Sie auf Seite 28/29.

Zutaten

1 l Weißwein
4 Sternanis
2 Stangen Zimt
6 Gewürznelken
1 TL Vanillemark
2 Äpfel
½ TL Butter
1 TL brauner Zucker
125 ml Amaretto
(Mandellikör)

Schmucke Flaschen für den Punsch

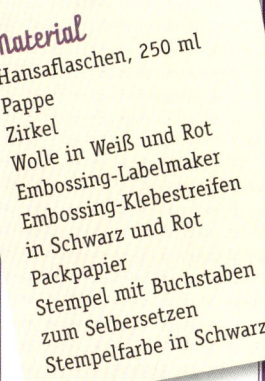

Material
Hansaflaschen, 250 ml
Pappe
Zirkel
Wolle in Weiß und Rot
Embossing-Labelmaker
Embossing-Klebestreifen in Schwarz und Rot
Packpapier
Stempel mit Buchstaben zum Selbersetzen
Stempelfarbe in Schwarz

Für den Bommel schneiden Sie aus der Pappe zwei Ringe (ø außen: 4 cm; ø innen: 2 cm) aus. Legen Sie die beiden Ringe übereinander.

Wickeln Sie nun einen ca. 4 Meter langen Wollfaden so um die Pappe, dass die Ringe von der Wolle bedeckt werden. Wickeln Sie die Wolle so lange durch das Innenloch, bis sie nicht mehr hindurchpasst. Schneiden Sie nun die Wolle zwischen den beiden Pappringen durch. Legen Sie einen weiteren Wollfaden zwischen die beiden Pappringe, ziehen Sie den Faden fest zusammen und verknoten Sie ihn. Die Ringe aufschneiden, entfernen und den Bommel in Form schneiden.

Mit dem Embossing-Labelmaker prägen Sie Ihren Wunschtext in die dazugehörigen Klebeetiketten und kleben diese auf die Flasche.

Für das Deckelhäubchen drucken Sie Hinweise zur Zubereitung auf das Packpapier. Schneiden Sie anschließend einen Kreis aus, dessen Durchmesser ca. 7 cm größer ist als der des Flaschendeckels. Nach dem Trocknen der Stempelfarbe knüllen Sie das Papier zusammen und streichen es wieder glatt. Legen Sie das Papier über den Deckel und wickeln Sie den Bommel herum.

Schwedischer Weihnachtspunsch
God Jul!

Den Ingwer schälen und in dünne Scheiben schneiden. Zitrone und Orange waschen, Zitronen- und Orangenschale als Spiralen abschneiden. Den Saft von beiden Zitrusfrüchten auspressen. Die Vanille mit Ingwerscheiben, Zimtstange, Nelken, Kardamomkapseln und Pimentkörnern in einen Topf geben. Geben Sie Sternanis, Rosinen, Mandeln, Orangen- und Zitronenschale, den ausgepressten Saft sowie Zucker dazu. Mit dem Rotwein aufgießen.

30 Minuten zugedeckt köcheln lassen und anschließend durch ein Sieb gießen. Mischen Sie den Rum unter, füllen Sie den Punsch in hitzebeständige Flaschen und verschließen Sie sie.

Zubereitung: Den Punsch langsam erwärmen.

Der Weihnachtspunsch ist ca. ein halbes Jahr haltbar.

Die Verpackungsidee für den Weihnachtspunsch finden Sie auf Seite 32/33.

Zutaten

1 Stück frischer Ingwer (ca. 3 cm)
1 ungespritzte Zitrone
1 ungespritzte Orange
1 EL Vanillemark
1 Stange Zimt
3 Gewürznelken
3 Sternanis
50 g Rosinen
50 g grob gehackte Mandeln
3 Kardamomkapseln
3 Pimentkörner
5 EL brauner Zucker
750 ml Rotwein
200 ml Rum

Festliche Flaschen für den Weihnachtspunsch

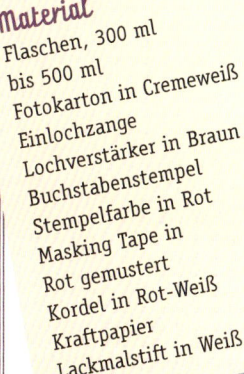

Material
Flaschen, 300 ml bis 500 ml
Fotokarton in Cremeweiß
Einlochzange
Lochverstärker in Braun
Buchstabenstempel
Stempelfarbe in Rot
Masking Tape in Rot gemustert
Kordel in Rot-Weiß
Kraftpapier
Lackmalstift in Weiß

Für den Anhänger schneiden Sie ein Rechteck in der Größe 8,5 cm x 4 cm aus dem Fotokarton und schrägen an einer der kurzen Seiten die Ecken ab. Zwischen den abgeschrägten Ecken stanzen Sie mit der Einlochzange ein Loch, das Sie danach mit einem Lochverstärker bekleben können.

Mit Buchstabenstempeln beschriften Sie den Anhänger und verzieren ihn zusätzlich mit Masking Tape. Fädeln Sie den Anhänger auf eine Kordel und binden Sie diese um den Flaschenhals.

Als Etikett schneiden Sie aus Kraftpapier ein Rechteck in der Größe 4,5 cm x 7,5 cm und beschriften es mit Ihrem Wunschtext. Ist die Farbe getrocknet, können Sie es mit unterschiedlich gemusterten Masking-Tape-Streifen auf die Flasche kleben.

Exotischer Chai-Tee ayurvedisch Tee trinken

Kardamom, Nelken und Pfeffer nacheinander in einen Mörser geben und grob zerstoßen. Mit Ceylon-Zimt und Ingwer mischen. Geben Sie die Teemischung in die Geschenkverpackung.

Zubereitung: 1 l Wasser mit 1 EL Teemischung in einen Topf geben und zum Kochen bringen. Dann 15 Minuten lang sieden lassen. Den Tee mit Milch trinken. Wer mag, kann ihn natürlich süßen.

Tipp: Dieser Tee ist ideal, wenn sich erste Anzeichen von Heiserkeit melden.

Der Chai-Tee ist ca. 1 Jahr haltbar.

Die Verpackungsidee für den Chai-Tee finden Sie auf Seite 36/37.

Zutaten

50 g Ceylon-Zimt, geschnitten
15 g Kardamom, ganz und grün
20 g Ingwer, getrocknet und geschnitten
2–3 g Gewürznelken, ganz (2 TL)
1 g schwarzer Pfeffer (1 TL)

Weihnachtliche Tüten für den Chai-Tee

Material
Papiertüte mit Standboden
bunte Papierreste
Klebstoff
Masking Tape
Embossing-Labelmaker
eventuell Motivlocher „Stern", 1,5 cm groß
Lochzange
Musterbeutelklammer

Schneiden Sie aus bunten Papierresten und Masking Tape unterschiedlich breite (1 cm bis 1,7 cm) und lange Streifen aus. Ordnen Sie die Papierstreifen so an, dass ein abstrakter Christbaum entsteht.

Da das Masking Tape leicht transparent ist, kann es sein, dass der Untergrund zu stark durchscheint. In diesem Fall können Sie das Tape zuvor auf weißes Kopierpapier kleben, danach ausschneiden und auf der Tüte befestigen.

Mit dem Embossing-Labelmaker prägen Sie das Etikett und kleben es über einen der Papierstreifen.

Stanzen Sie mit einem Motivlocher einen Stern aus einem Papierrest oder schneiden Sie einen Stern von Hand mit einer Schere aus. Stanzen Sie ein kleines Loch durch die Mitte des Sterns.

Füllen Sie den Chai-Tee in die Tüte und stanzen Sie durch die Papiervorder- und Rückseite ein kleines Loch an der Spitze des Baumes. Legen Sie den Stern über dieses Loch und stecken Sie eine Musterbeutelklammer durch alle Papierlagen.

Kleine Warenkunde Gewürze

Rosa Pfeffer

Rosa Pfeffer
Rosa Pfeffer ist botanisch nicht mit dem schwarzen oder weißen Pfeffer verwandt. Seinen Namen hat er aufgrund seines scharf-feurigen Geschmacks. Es sind die getrockneten Beeren des brasilianischen Pfefferbaums, der bis zu 9 m hoch wächst. Die Hauptanbaugebiete sind heute Brasilien und Peru.

Kardamomkapseln

Kardamomkapseln
Der Grüne Kardamom gehört botanisch zu der Gruppe der Ingwergewächse. Meistens wird der Samen verwendet, manchmal auch die gesamte getrocknete Kapselfrucht. Die Kapselfrüchte werden kurz vor der Reife von Hand gepflückt, da sie sich ansonsten öffnen und die Samen verloren gehen. Kardamom hat ein sehr feines, süßlich-scharfes Aroma, im Nachgeschmack erinnert er an eine Mischung aus Zitrone, Kampfer und Bergamotte.

Gewürznelken
Die Gewürznelken sind die stark duftenden und brennend scharf schmeckenden, getrockneten Blütenknospen des immergrünen Gewürznelken-Baumes, der ursprünglich auf den Molukken (Gewürzinseln) beheimatet war. Mittlerweile werden Gewürznelken weltweit angebaut. Die besten Qualitäten werden angeblich auf den Molukken, auf Sansibar und auf Madagaskar geerntet.

Gewürznelken

Sternanis

Sternanis
Sternanis sind die getrockneten Früchte eines immergrünen Baumes. Ab dem siebten Jahr trägt der Baum die rotbraunen, korkig-holzigen, sternförmigen Früchte. In ihnen befinden sich die kastanienbraunen, glänzenden, etwa 8 mm großen Samen. Sternanis ist botanisch nicht mit Anis verwandt, die geschmackliche Ähnlichkeit hat zu seinem Namen geführt.

Zimtstangen
Zimtstangen sind die getrockneten Innenrinden des Zimtbaumes. Zimt ist eines der ältesten Gewürze, das angeblich schon 3000 v. Chr. in China als solches verwendet wurde. Der feinere uns bekannte Ceylon-Zimt wurde um 1498 vom portugiesischen Seefahrer Vasco da Gama auf der Insel Ceylon, dem heutigen Sri Lanka, „entdeckt" und so nach Europa gebracht. Sri Lanka ist noch heute eines der größten Anbaugebiete für Zimt.

Vanilleschoten

Zimtstangen

Vanilleschoten
Vanilleschoten sind die fermentierten Kapseln einer kletternden Orchideenart. Die Pflanze rankt an Bäumen in den Tropen bis zu 15 m hoch. Die Blüten sind nur wenige Stunden geöffnet und werden in der freien Natur zum Beispiel durch Kolibris befruchtet. In der Kulturform wird dies nicht dem Zufall überlassen, sondern von menschlicher Hand ausgelöst. Sechs bis acht Monate nach der Befruchtung haben sich die Vanillestangen voll entwickelt.

Sanftes Erwachen
Tee aus dem Land des Lächelns

Schneiden Sie die Mangostreifen in kleinere Streifen. Die Cranberries klein hacken. Die getrockneten Früchte zusammen mit den Holunderbeeren, den Sonnenblumenblütenblättern und dem grünen Tee mischen. Füllen Sie die Teemischung in die Geschenkverpackung.

Zubereitung: Wasser zum Kochen bringen. Für 750 ml Tee 3–4 Teelöffel der Teemischung in einen Teefilter oder ein Teesieb geben. Das nicht mehr kochende, aber heiße Wasser auf den Tee gießen und 2–3 Minuten ziehen lassen, um eine anregende Wirkung zu erzielen.

Tipp: Anstelle des unfermentierten grünen Tees können Sie auch schwarzen Tee verwenden.

Der Tee „Sanftes Erwachen" ist ca. 1 Jahr haltbar.

Die Verpackungsidee für den Tee „Sanftes Erwachen" finden Sie auf Seite 42/43.

Zutaten

100 g grünen Tee
50 g Mangostreifen, getrocknet
60 g Cranberries, getrocknet
15 g Holunderbeeren, getrocknet
10 g Sonnenblumenblütenblätter, getrocknet

Kleine Tüten für den grünen Tee

Material
Recyclingpapier
Motivlocher „Kreis mit Wellenrand", ø ca. 6,3 cm oder Konturenschere
Scrapbook-Papiere in Gelb-Grau gemustert
Masking Tape
Nähgarn
Nähnadel
Stecknadel
Tacker

Vorlage Seite 59

Für das Etikett kopieren Sie die Vorlage auf Recyclingpapier oder ein anderes Papier, das zu den von Ihnen verwendeten Papieren passt. Schneiden oder stanzen Sie einen Kreis aus der Fotokopie. Das Textfeld sollte dabei im unteren Drittel liegen. Falten Sie das obere Drittel des Kreises nach hinten.

Schneiden Sie aus dem Scrapbook-Papier ein Rechteck zu (15,5 cm x 11 cm). Kleben Sie die kurzen Seiten mit Masking Tape Stoß an Stoß zusammen, sodass Sie eine kleine Papierrolle erhalten. Das Tape sollte auf der Innenseite befestigt sein.

Drücken Sie nun eine der beiden Öffnungen vorsichtig zusammen, sodass der Falz nicht breiter als 1 cm ist. Nähen Sie diese Öffnung parallel zum Papierrand mit einem Steppstich zusammen. Für ein sauberes und einfacheres Ergebnis stechen Sie im Abstand von 5 mm die Stiche mit einer Stecknadel vor.

Füllen Sie nun 3 bis 4 Teelöffel der Teemischung in die Tüte und drücken Sie die verbleibende Öffnung um 90 Grad gedreht zusammen. Sie können die Öffnung mit einer Tackernadel nahe der Papierkante verschließen. So wird die Spannung des Papiers reduziert und das Nähen gelingt einfacher. Bringen Sie die Tackernadel dort an, wo sie später vom Etikett verdeckt wird. Stülpen Sie nun das Etikett über die Öffnung und nähen Sie auch hier die Tüte parallel zur Papierkante zu.

Erkältungstee schmeckt nach Lakritz

Süßholz, Fenchelsamen, Anissamen und Salbeiblätter miteinander vermischen. Anschließend füllen Sie den Erkältungstee in die Geschenkverpackung ab.

Zubereitung: 1 TL der Teemischung in einen Teefilter oder in ein Teesieb geben und mit 200 ml siedendem Wasser übergießen. 4 bis 6 Minuten ziehen lassen.

Tipp: Der Tee hilft nicht nur bei Erkältungen, sondern auch bei Bauchweh.

Der Erkältungstee hält sich ca. 1 Jahr lang.

Die Verpackungsidee für den Erkältungstee finden Sie auf Seite 46/47.

Zutaten

80 g Süßholz, getrocknet und geschnitten
50 g Fenchelsamen
50 g Anissamen
10 g Salbeiblätter, getrocknet und gerebelt

Runde Dose für den Erkältungstee

Material
runde Metalldose
große Papier-Teefilter
Scrapbook-Papier in Hellblau-Weiß gemustert
Buchstabenstempel
kleine Motivstempel
Stempelfarbe in Rot
doppelseitige Klebefolie
Perlgarn in Rot
Nähgarn
Nähnadel
Zirkel
Einlochzange

Vorlage Seite 59

Für die Banderole der Dose schneiden Sie aus dem Scrapbook-Papier einen Streifen, der 1 cm länger ist als der Dosenumfang und so breit, dass etwa zwei Drittel der Dosenhöhe von dem Papier bedeckt wird. Für den Deckel schneiden Sie einen Kreis zu, dessen Durchmesser 2 cm kleiner als der des Dosendeckels ist. Bestempeln Sie ihn mit Ihrem Wunschtext. Anschließend fixieren Sie die Papiere mit doppelseitiger Klebefolie an der Dose.

Für die Anhänger schneiden Sie aus Scrapbook-Papier Kreise mit ca. 2,7 cm Durchmesser. Sticken Sie mit rotem Perlgarn kleine Herzmotive (siehe Vorlage) auf die Papierkreise. Verknoten Sie die Fadenenden auf der Rückseite und versehen Sie die Anhänger mit einem kleinen Loch. Alternativ können Sie die Anhänger auch mit kleinen Motiven und Schriftzügen bestempeln.

Für den Teebeutel übertragen Sie mit einem Bleistift die Herzvorlage auf einen doppellagigen Papier-Teefilter. Nähen Sie an der Bleistiftkontur die beiden Papierlagen mit einem Stichabstand von ca. 4 mm zusammen. Beginnen Sie dabei in der oberen Mitte. Bevor Sie die letzten 3 cm des Herzens zusammennähen, füllen Sie einen Teelöffel der Teemischung in das Herz. Nähen Sie den Teebeutel zu und verknoten Sie die Fadenenden. Knoten Sie den Anhänger an den überstehenden Faden. Schneiden Sie nun etwa 5 mm von der Naht entfernt das Herz aus dem Filterpapier heraus.

Wake me up-Tee macht müde Geister munter

Matetee, Lemongras, Orangenschale, Sonnenblumenblütenblätter und Pfeffer mischen und in die Geschenkverpackung geben.

Zubereitung: 2–3 EL der Mateteemischung lose oder in einem Teefilter in einen Becher geben. Siedendes Wasser über den Tee gießen, 5 Min. ziehen lassen und trinken. Eventuell erneut siedendes Wasser über die Teemischung geben. Matetee kann mehrmals aufgegossen werden.

Hinweis: Diese Form der Zubereitung ist äußerst anregend, sodass Sie den Tee nicht vor dem Schlafengehen trinken sollten.

Der Wake me up-Tee ist ca. 1 Jahr haltbar.

Die Verpackungsidee für den Wake me up-Tee finden Sie auf Seite 52/53.

Zutaten

100 g Matetee
40 g Lemongras, getrocknet und geschnitten
10 g Orangenschale, gemahlen (3 TL)
10 g Sonnenblumenblütenblätter, getrocknet
6 g Rosa Pfeffer (3 TL)

Neon-Tüten für den Wake me up-Tee

Material
Papiertüten in Weiß mit Standboden
Buchstabenstempel
Stempelkissen in Neonpink und Silber
Anhänger mit Metallfassung
Stift in Silber und Neonpink
Wolle oder Kordel in Neonpink
Masking Tape in Grau, Silber und Neonpink
Locher oder Einlochstanzer

Bestempeln Sie die Papiertüte mit Ihrem Wunschtext. Hierfür eignen sich möglichst große Buchstabenstempel.

Den Anhänger beschriften Sie mit Hinweisen zur Zubereitung des Tees. Binden Sie einen Wollfaden oder eine Kordel an den Anhänger.

Füllen Sie den Tee in die Tüte, falten Sie die Öffnung anschließend nach vorne um und verschließen Sie die Verpackung mit Masking-Tape-Streifen.

Stanzen Sie mit einem Locher oder Einlochstanzer ein Loch in die Tüte. Fädeln Sie den Faden des Anhängers hindurch und verknoten Sie ihn auf der Rückseite der Verpackung.

Entspannungstee für gemütliche Stunden

Die Bananen-Chips grob zerhacken. Die Ananas-Ringe in feine Streifen schneiden. Mischen Sie beides mit dem Roibuschtee, den Holunderbeeren, dem Popcorn und der Vanille und füllen Sie den Entspannungstee in die Geschenkverpackung.

Zubereitung: 1 l Wasser kochen. 3–5 TL der Teemischung in einen Teefilter oder ein Teesieb geben. Mit siedendem Wasser übergießen und mindestens 5 Minuten ziehen lassen. Die Teemischung müssen Sie nicht aus dem Tee nehmen.

Tipp: Eine Mischung aus 50 g Roibuschtee, 50 g Scholadenblättchen, 30 g getrockneten Himbeeren, 30 g getrockneten Erdbeeren sowie 50 g Bananen-Chips ist ebenfalls sehr lecker.

Der Entspannungstee ist ca. 1 Jahr haltbar.

Die Verpackungsidee für den Entspannungstee finden Sie auf Seite 56/57.

Zutaten

50 g Roibuschtee
40 g Bananen-Chips
35 g Holunderbeeren, getrocknet
35 g Ananas-Ringe, getrocknet
5 g Popcorn
1 g Bourbon-Vanille, gemahlen (1 TL)

Edle Dosen für den Entspannungstee

Material
eckige Teedosen in Silber
Tonpapier in Creme
Zirkel
Buchstabenstempel
Stempelfarbe in Lila
Kerze
Siegelwachs in Lila
alter Löffel
Alufolie
Siegelstempel (Petschaft) „Stern"
Papier mit Metallic-Glanz in Hell- und Dunkellila
Motivlocher „Kreis mit Wellenrand", ø 6,5 cm
Geschenkband in Lila
Klebstoff

Zeichnen Sie mithilfe eines Zirkels einen 5 cm großen Kreis auf das Tonpapier und schneiden Sie ihn aus. Stempeln Sie entlang des Randes mit kleinen Buchstabenstempeln Ihren Wunschtext.

Bringen Sie ein Stück Siegelwachs in einem alten Löffel über einer Kerzenflamme zum Schmelzen. Gießen Sie das Wachs auf ein Stück Alufolie und drücken Sie den Siegelstempel in die noch flüssige Masse. Wenn das Wachs vollständig ausgehärtet ist, lösen Sie das Siegel von der Alufolie und kleben es auf das Papier.

Aus dem Papier mit Metallic-Glanz stanzen Sie einen 6,5 cm großen Kreis mit Wellenrand. Kleben Sie das Geschenkband in die Mitte des Kreises. Achten Sie darauf, dass das Band an beiden Seiten so lang ist, dass Sie die Dose damit umwickeln und die Enden auf dem Boden festkleben können.

Das bestempelte Etikett können Sie nun abschließend über den Papierkreis mit Wellenrand sowie das Geschenkband kleben.

Vorlagen

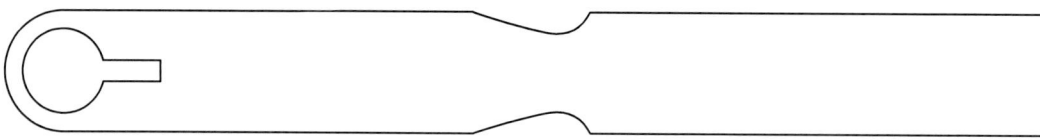

Moderne Anhänger
Seite 18/19
Die Vorlage auf 142 % vergrößern

Gläser mit Eiskristall
Seite 24/25

Sanftes Erwachen

Das nicht mehr kochende, aber heiße
Wasser auf den Tee gießen und
2-3 Minuten ziehen lassen.

Kleine Tüten
Seite 42/43

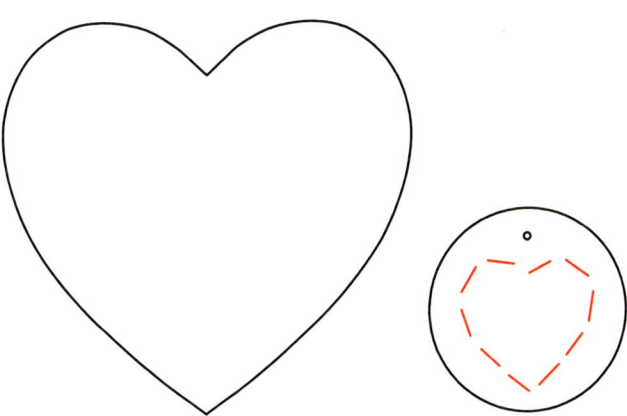

Runde Dose
Seite 46/47

Die kreative Manufaktur
Selbermachen. Genießen. Verschenken.

Bücher aus der kreativen Manufaktur

TOPP 5900
978-3-7724-5900-9

TOPP 5901
978-3-7724-5901-6

TOPP 5902
978-3-7724-5902-3

TOPP 5903
978-3-7724-5903-0

In der kreativen Manufaktur entsteht Einmaliges und Unverwechselbares. Hier werden schöne Dinge noch mit Liebe und Leidenschaft von Hand gefertigt und mit Sorgfalt verpackt.

Die Welt der kreativen Manufaktur umfasst liebevoll gestaltete Bücher mit vielen Ideen für Hausgemachtes und Handgefertigtes.

TOPP 5904
978-3-7724-5904-7

TOPP 5905
978-3-7724-5905-4

TOPP 5906
978-3-7724-5906-1

TOPP 5907
978-3-7724-5907-8

TOPP 5908
978-3-7724-5908-5

TOPP 5909
978-3-7724-5909-2

TOPP 5912
978-3-7724-5912-2